Todo lo que
necesitas
saber sobre

La paternidad adolescente

La paternidad trae nuevas responsabilidades y nuevas satisfacciones.

Todo lo que necesitas saber sobre

La paternidad adolescente

Eleanor H. Ayer

Traducción al español
Mauricio Velázquez de León

The Rosen Publishing Group's
Editorial Buenas Letras™
New York

Published in 1993, 1995, 1998, 2003 by The Rosen Publishing Group, Inc.
29 East 21st Street, New York, NY 10010

First Edition in Spanish 2003
Revised Edition in English 1998

Cataloging Data

Ayer, Eleanor H.
   Todo lo que necesitas saber sobre la paternidad adolescente / Eleanor H. Ayer ; traducción al español Mauricio Velázquez de León.
      p. cm. -- (Todo lo que necesitas saber)
   Includes bibliographical references and index.
   Summary: Discusses the emotional, physical, and financial concerns involved with becoming a teenage father and examines the responsibilities and choices offered by the situation.
   ISBN 0-8239-3585-X
   1. Teenage Fathers—United States—Juvenile literature. 2. Teenage Fathers—United States—Life skills guide—Juvenile literature. 3. Spanish Language Materials. [1. Teenage fathers.] I. Title. II. Series.
   155.9'37—dc21

Manufactured in the United States of America

Contenido

Introducción

La paternidad adolescente es un asunto importante en nuestro país. Aproximadamente 7 por ciento de los varones adolescentes han tenido hijos. Estos jóvenes se enfrentan a grandes retos, y deben tomar decisiones que afectarán radicalmente su vida y la de sus familias. El propósito de este libro es ayudar a los padres jóvenes a entender las situaciones emocionales y económicas que enfrentarán, tanto en el presente como en el futuro. Si estás leyendo este libro puede ser que ya seas padre adolescente o que estés a punto de convertirte en uno. O quizás aún no lo seas pero quieras saber más al respecto.

Una decisión de dos

Si eres suficientemente grande para tener relaciones sexuales, entonces eres suficientemente grande como para actuar con responsabilidad. Si te encuentras en una relación, tú y tu novia deben tomar juntos algunas decisiones. Aunque parezca poco romántico e incluso bochornoso, es muy importante discutir qué tipo de relación física buscan compartir y qué tan lejos quieren llegar. Si ambos eligen tener relaciones sexuales, es importante que tomen las medidas de protección adecuadas. También es importante que respetes tu cuerpo y el de tu novia. Una chica puede quedar embarazada la primera vez que tiene relaciones sexuales y en cualquier otra ocasión en el futuro, incluso durante los días de su periodo menstrual. Si no estás preparado para tener un hijo, entonces ambos deben prevenirlo. La anticoncepción no es un "problema de ella" únicamente. Es de los dos.

Una relación sexual sin protección puede exponerte a enfermedades de transmisión sexual, como el SIDA, la más seria de estas enfermedades y para la cual aún no existe cura. Teniendo relaciones sexuales con una persona infectada podrías contraer además sífilis, gonorrea, herpes, clamidia y otras enfermedades. Es imposible saber si alguien tiene una enfermedad de transmisión sexual sólo por su apariencia. Además algunas personas podrían desconocer ser portadoras de una enfermedad, o no ser honestas sobre su condición.

Pero recuerda que tú y tu novia pueden protegerse de las enfermedades de transmisión sexual y del embarazo. La forma más segura es la abstinencia, lo que significa no tener relaciones sexuales. Si tu elección es la abstinencia, no te compliques la vida y trata de alejarte de situaciones que pueden conducir a relaciones sexuales. Organiza tus salidas en grupo y no a solas con tu novia, evita permanecer a solas con ella en un auto o en casa, evita largas sesiones besándose o acariciándose. Decidan de antemano que el sexo no será parte de su relación. Esto facilitará la abstinencia.

Si tu decisión es tener relaciones sexuales, entonces cuídate a ti mismo y a tu novia practicando sexo seguro. El sexo seguro disminuye los riesgos, pero no los elimina por completo. Esto significa que tendrás que utilizar al menos un condón (preservativo). Los condones son moldes de caucho (preferentemente con nonoxynol-9, que ayuda a proteger contra el SIDA) que se colocan sobre el pene erecto antes de tener una relación sexual.

Éste método se utiliza como protección contra embarazos no deseados y enfermedades de transmisión sexual. Sin embargo, un condón, no es 100 por ciento efectivo.

Elegir la paternidad

Para cualquier varón, el hecho de ser sexualmente activo incluye la posibilidad de la paternidad. La paternidad es un gran cambio en la vida. Si eres, o pronto serás padre, es posible que estés confundido sobre lo que significan estos cambios. Platica con otros chicos que fueron padres adolescentes y pregúntales si hay algo de lo que se sientan arrepentidos. Discute tus sentimientos e ideas con tus padres, un consejero o algún líder religioso. Si no te sientes cómodo hablando de estos temas con algún conocido, puedes contactar a alguna organización como *Planned Parenthood* (Planificación Familiar) o alguna otra que podrás encontrar al final de éste libro. Además, ciertas comunidades cuentan con grupos de apoyo para padres adolescentes y programas que los animan a lograr una paternidad responsable mientras continúan con la escuela o el trabajo.

Actualmente el papel de los padres adolescentes parece ser muy diferente a como solía ser en el pasado. Anteriormente la sociedad desalentaba al varón para convertirse en parte de la vida de su hijo, a menos que la pareja contrajera matrimonio. Actualmente se fomenta con mucha frecuencia e incluso se espera la participación del padre adolescente en el cuidado y desarrollo del bebé. Diversas organizaciones y programas sociales han comenzado a evaluar el papel del padre adolescente, reconociendo el importante vínculo entre padre e hijo.

Las estadísticas demuestran que, en general, los niños criados sin su padre encuentran mayores problemas emocionales, de salud, de comportamiento social y de educación que aquellos criados por una

Las parejas deben actuar de forma responsable en cualquier decisión que involucra el sexo.

pareja, además de que tienen mayores probabilidades de vivir en condiciones económicas desfavorables.

La libertad de tomar tus propias decisiones trae consigo la responsabilidad de aceptar las consecuencias. Como cualquiera, podrías tomar decisiones equivocadas, pero lo importante es aprender de los errores.

Tus decisiones afectarán a tu pareja, a tu hijo y por supuesto, a ti mismo. Por eso debes estar preparado para defenderlas. Uno de los objetivos de este libro es ayudarte a tomar las decisiones correctas.

Capítulo 1

La noticia

Era sábado por la mañana. La mente de Marco estaba llena de ideas acerca del próximo año escolar. Este septiembre iniciaría un año importante en la escuela y tenía que tomar muchas decisiones para su futuro ¿Entraría a la universidad? ¿Buscaría trabajo? Marco siempre había tenido la idea de estudiar administración de empresas y su tío había dicho que parecía tener talento para la profesión. Sus pensamientos fueron interrumpidos por el teléfono. Era Celia, su novia.

—Tenemos que hablar —dijo—. ¿Podemos encontrarnos por la tarde?

Marco sabía que algo marchaba mal. ¿Estaría enojada porque canceló su cita para ir al cine?

Marco y Celia han estado juntos un año y medio. Aunque han hablado sobre matrimonio, ambos saben que es una posibilidad que podría darse dentro de varios años.

Ahora, sentados en una soleada banca del parque, Celia le dice que está embarazada.

—¿Embarazada? —Mark susurró en shock. Primero se sentó atónito. Luego comenzó a enojarse con Celia y consigo mismo. ¿Por qué les sucedía esto? ¿Acaso no siempre habían sido cuidadosos? ¿Cuál habría sido su error? Marco se dio cuenta de que Celia estaba enfadada con su reacción. Entonces trató de hablar con ella, pero Celia comenzó a llorar. Marco sintió temor, confusión y mucha soledad. Pensó que ella estaría pasando por algo muy similar. ¿Qué deberían hacer?

Cuando recibiste la noticia de que ibas a ser padre, puedes haber tenido emociones distintas. Puedes haberte enojado con tu novia por quedar encinta, aun siendo muy poco probable que ella lo haya hecho a propósito. Puedes haberte enojado contigo mismo por haber permitido que se embarazara. Quizás no tomaste las precauciones adecuadas o quizá fuiste descuidado.

También es probable que te hayas sentido aturdido. Puedes haberte enfadado con el mundo en general y con el destino. Quizás, como Marco, fuiste precavido pero tuviste mala suerte. Cuando iniciaste una relación íntima con la que muy pronto será la madre de tu hijo, quizás no imaginabas convertirte en papá

El shock conduce con frecuencia a otra emoción: la negación. En ocasiones cuando alguien no puede aceptar una noticia rehusa aceptarla. La negación es una forma de pensamiento que dice "ignóralo y desaparecerá". Pero la negación sólo provoca perder tiempo que podrías estar utilizando para tomar decisiones.

Hace unos años, una pareja no casada de adolescentes en Delaware mató a su hijo recién nacido porque tenían miedo. Ambos fueron arrestados y condenados por asesinato. Si en lugar de evadirla hubiesen enfrentado con tiempo la pregunta de qué hacer con su embarazo inesperado, podrían haber tomado una mejor decisión.

La mayoría de los chicos sienten miedo cuando descubren que su novia está embarazada. No sería extraño que sintieras que has perdido el control de tu vida, que te preocuparas por la reacción de tus padres ante la noticia, sobre lo que harás con el embarazo o de lo que dirán tus amigos. Todas estas emociones juntas pueden producirte mucha confusión. Podrías sentirte perdido.

En ocasiones estos sentimientos vienen seguidos por otro; aceptar lo que ha sucedido. Quizás tú y tu novia no estaban listos para el embarazo, y quizás no se encuentran preparados para lo que sucederá en adelante con sus vidas. Pero tu novia está embarazada y ahora tendrás que actuar en consecuencia. Una vez que aceptas lo que ha sucedido tendrás que responderte muchas preguntas difíciles. Con suerte, más tarde comenzarás a sentir otra emoción: alegría.

Podrías experimentar todos, ninguno o una combinación de estos sentimientos. Pero sea lo que sea, ha llegado el momento de sentarte a platicar con tu novia. Es importante preguntarle cómo se siente y escuchar atentamente lo que te dice. También es importante que le hagas saber cómo te sientes tú. Sé honesto. Mientras más abiertos y sinceros puedan ser, mejor preparados estarán para tomar una decisión.

Familia

Es una decisión difícil, pero usualmente lo mejor que puedes hacer es contarle a tus padres acerca del embarazo. Posiblemente no se pondrán felices al principio, pero pueden ayudarte a tomar una decisión.

No hay una manera fácil de darle a tus padres la noticia. Aunque tú y tu novia estén desbordando de alegría, podrías tener miedo de que tus padres se vayan a enojar. Pero es importante decírselo, y mientras más pronto mejor. La mejor forma de hacerlo es con

Será difícil darle la noticia a tus padres, pero lo mejor que puedes hacer en un momento como éste, es buscar su cariño y apoyo.

honestidad. Diles cómo te sientes al respecto, y si has tomado algunas decisiones, compártelas con ellos.

Tus padres podrían no recibir bien la noticia. O quizás ellos se queden tranquilos, pero no los padres de tu novia. Algunos padres tratarán de tomar control de la situación y se negarán a escuchar tus opiniones.

Puede ser buena idea hablar con otro adulto antes de decírselo a tus padres. Este adulto podría ayudarte con la clase de preguntas, preocupaciones y emociones que vas a recibir cuando hables con ellos. Además, podría ayudarte a revisar tus alternativas. De esta manera, cuando hables con tus padres tendrás un mejor panorama de tus ideas y opiniones. Un maestro de confianza, un consejero estudiantil o un líder religioso podrían ser de gran utilidad. No tengas miedo de pedir ayuda.

¿Estás listo para criar un hijo? Sé honesto contigo mismo. Si tus padres quieren que tengas el hijo, y tú no te sientes preparado para tal responsabilidad, es mejor que se los hagas saber. Busca alternativas con tu novia, tu familia o con un trabajador social. O si tus padres quieren que renuncies al hijo y tú quieres tenerlo, no aceptes simplemente sus deseos. Analiza cuidadosamente sus razones a favor y en contra de lo que quieres hacer. Si aún estás convencido de que estás preparado para tener el niño, demuestra firmemente que hablas en serio. Piensa muy bien cómo podrás ser capaz de criar un hijo.

Sólo tú eres responsable por tus decisiones. Aunque aún eres joven, tienes mucho que opinar sobre lo que ocurrirá contigo y con tu hijo.

Capítulo 2

Tus opciones

Anteriormente, cuando una chica soltera quedaba embarazada sólo había una opción: el matrimonio. Las personas consideraban que casarse era la "única opción honorable". Actualmente, el matrimonio es sólo una de las opciones. Cualquiera que sea tu decisión, debes recordar que tu novia podría no estar de acuerdo. Este es un tema que ambos deben solucionar juntos.

El aborto

Si el embarazo no fue planeado y no tienes el deseo o la capacidad de criar un hijo, el aborto podría ser una posibilidad. El aborto es una forma de detener el embarazo en una etapa temprana y es una opción para muchos adolescentes que no se sienten preparados para tener un hijo. Pero el aborto es una decisión seria y

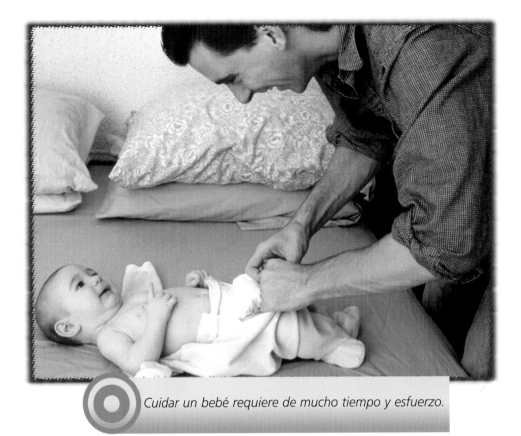

Cuidar un bebé requiere de mucho tiempo y esfuerzo.

complicada. No se trata de un método anticonceptivo. Elegir el aborto significa tomar la decisión de no traer un bebé al mundo. Se trata de una decisión con muchas consecuencias.

Durante los primeros tres meses del embarazo, la chica y su familia pueden elegir el aborto incluso sin el consentimiento del padre. En etapas posteriores del embarazo, los doctores o incluso el Estado podrían participar en la decisión. Las restricciones acerca del aborto varían de acuerdo a cada gobierno.

La adopción

Muchos adolescentes que están en contra del aborto, pero que no están preparados o no pueden criar al bebé eligen la adopción. "Queríamos darle la oportunidad de crecer, pero sabíamos que éramos incapaces de darle un buen hogar. Hay muchas parejas esperando para realizar una adopción, así que pensamos que esa sería su oportunidad de crecer", dice un padre adolescente sobre las razones para dar a su hijo en adopción.

La adopción puede ser muy dolorosa. "Estaba contento de tener el apoyo de mi familia", recuerda Dan, quien hace veinte años, cuando tenía diecisiete, se convirtió en padre adolescente. "Estoy contentó de haber hecho lo que hice, pero me obsesiona la idea de tener por ahí una hija de veinte años".

En algunos Estados el padre tiene los mismos derechos que la madre para decidir una adopción. En otros, no tiene forma de opinar. Averigua con los servicios sociales de tu comunidad acerca de tus derechos.

Existen muchas cosas que debes considerar antes de optar por la adopción:

Agencias de adopción. Si eliges la adopción pero no sabes dónde comenzar, busca en las páginas amarillas bajo Agencias de adopción (*Adoption Agencies*). Las personas que trabajan en las agencias conocen las leyes sobre adopción de tu Estado. Además conocen a familias que quieren adoptar un bebé. Ellos pueden ayudarte durante los procedimientos legales y personales relacionados con la adopción.

Para estar seguro de que estás trabajando con una buena agencia, consulta un trabajador social. Contacta a más de una agencia, revisa cuánto tiempo tienen establecidos y verifica si tienen una licencia del Estado. No querrás ceder tu hijo a una organización que no se preocupará por su bienestar.

Adopción privada. Quizás tú o un adulto de tu confianza conocen a una pareja que desea adoptar a tu bebé. En tal caso no es necesario contratar a una agencia. Pero si eliges una adopción privada debes asegurarte de conseguir un buen abogado que realice los trámites legales apropiados.

Firma de los papeles. Durante el embarazo, tú o tu novia podrían cambiar de opinión. Dado que esta es una situación que sucede con frecuencia, es recomendable que esperes hasta que ha nacido el bebé para firmar los papeles. La adopción será definitiva cuando se hayan firmado los papeles.

Decide qué es lo que quieres Puede existir presión de tus padres, consejeros o incluso de la agencia de adopción para que cedas a tu bebé. Pero tú y tu novia son los únicos que deben tomar la decisión final. Nadie más debe decidir por ustedes.

Es importante consultar la adopción con personas de tu confianza y que estén bien informadas al respecto.

La adopción es una decisión difícil. Si utilizas una agencia, lo más probable es que nunca más vuelvas a ver a tu hijo y no sabrás quiénes son sus padres adoptivos. Esto se hace para proteger su privacidad. Cuando la adopción es definitiva, no hay forma de retractarse.

Durante el resto de tu vida podrás tener dudas sobre si tu decisión fue la correcta. Por eso es muy importante tomarte el tiempo necesario para estudiarla cuidadosamente. Investiga todos los hechos. Habla con cuantas personas sea necesario. Y finalmente, confía en que tomarás la decisión adecuada.

Matrimonio

Cuando Rick y Jennifer se enteraron de que esperaban un hijo, decidieron casarse.

—Estábamos muy contentos, pero también asustados——dice Rick—. Estábamos en contra del aborto y los dos queríamos tener al bebé. En aquel momento, —recuerda— Creí que era la decisión adecuada. Aún así, estaba preocupado, no sabía cómo nos iría.

El matrimonio de adolescentes suele ser tenso y estresante. Además de la presión de convertirse en padres, la falta de dinero, de experiencia laboral y de educación, suele producir problemas a un matrimonio. Muchos matrimonios de adolescentes no pueden superar éstas presiones. El promedio de divorcios en matrimonios de adolescentes es muy alto. Una chica casada a los diecisiete años tiene el doble de posibilidades de divorciarse que una casada a los dieciocho o diecinueve. Pero si la chica espera hasta cumplir veinticinco años, tendrá cuatro veces más oportunidad de que su matrimonio funcione.

¿Juntos o separados?

Una posibilidad puede ser tener al hijo y no casarte. Tú y tu novia pueden decidir vivir juntos sin contraer matrimonio, o vivir separados y compartir la responsabilidad de criar al hijo.

La ventaja de hacerlo de ésta manera es que podrás convertirte en padre sin la presión de convertirte en esposo al mismo tiempo. Así podrás ayudar a criar a tu hijo, y verlo crecer y desarrollarse.

La desventaja es que no realizas un compromiso con la madre de tu hijo. Y ella tampoco lo tiene contigo. Cualquiera de los dos podría alejarse en cualquier momento.

Si no estás casado, debes asegurarte de que tus derechos como padre están cubiertos. En muchos Estados, tu nombre no aparecerá en el acta de nacimiento de tu hijo a menos que lo solicite la madre. Si quieres ser nombrado legalmente como el padre del niño, deberás someterte a un examen de paternidad. Si el examen es positivo, tú serás el padre y tu nombre será agregado al certificado de nacimiento.

El padre debe proveer apoyo financiero, y debe hacerlo aunque nunca haya estado casado con la madre. El apoyo financiero comienza desde que nace el bebé, y continúa generalmente hasta que el hijo cumple los dieciocho años de edad. Aunque el padre siga en la escuela, debe dar apoyo financiero. En estos casos la corte puede decidir que se realicen pagos parciales, pero de cualquier forma, el padre tendrá que dar el apoyo financiero completo en cuanto sea capaz.

Padre soltero

Muy pocos adolescentes eligen criar al bebé por sí mismos. Pero podría ser la decisión adecuada para ti. Ser "señor mamá" no será sencillo, pero puede traer muchas recompensas. Antes de tomar la decisión pregúntate lo siguiente:

- ¿Deseas aprender a cuidar de un bebé?

- ¿Puedes soportar la doble carga de trabajar de tiempo completo y ser padre adolescente?

- ¿Qué amigos o miembros de tu familia pueden apoyarte emocionalmente?

- ¿Quién cuidará de tu hijo mientras estás fuera de casa?

- ¿Qué tipo de apoyo esperas de la madre de tu hijo?

- ¿Estás preparado para tomar este compromiso de por vida?

- ¿Qué pasaría si tu novia regresa un año más tarde y quiere llevarse al bebé? ¿Están protegidos tú y tu hijo?

Una decisión complicada

Cualquiera que sea tu decisión, debe ser la que tú consideres adecuada. Consulta con diversas personas. Trata de encontrar a un adulto que se haya convertido en padre durante la adolescencia.

Consejeros estudiantiles, iglesias, hospitales y agencias de servicio social están preparadas para ayudarte a resolver estos problemas.

Además trata de escuchar a tus padres y a otros miembros de tu familia. Aunque podrían estar enojados por el embarazo, pueden ofrecerte mucha ayuda. La edad y la experiencia pueden ayudar a las personas a tomar mejores decisiones. Tus padres te conocen muy bien. Ellos podrían sorprenderte con muy buenos consejos.

Capítulo 3

Creciendo con rapidez

Convertirte en padre adolescente significa crecer con rapidez. Es una gran responsabilidad que llega de pronto. Hace poco tiempo, aún eras un niño, necesitabas un hogar seguro donde la gente te amara, lavara tu ropa, se encargara de tu alimentación y te guiara para que crecieras como una buena persona. Ahora tú tendrás que proveer las mismas cosas a tu hijo.

Cuestionando la paternidad

En ocasiones existen razones para cuestionar la paternidad del bebé. Así sucedió con Ben y Angela.

—Esa es una de las razones por las que tuve que alejarme, —admite Ben. Angela y yo habíamos

 Puede ser necesario conseguir un trabajo para poder cumplir con las responsabilidades de la paternidad.

tenido relaciones sexuales. Pero yo sabía que ella había estado viendo a otros hombres. Cualquiera de ellos podría haber sido el padre.

Ben se asustó cuando Angela comenzó a presionarlo para que se casaran.

—Ella me dijo que aunque no lo hiciéramos, yo tendría que pagar el soporte financiero del niño durante los próximos dieciocho años, — recuerda Ben. Yo ni siquiera tenía trabajo. Estaba muy asustado.

Ben podría haberse hecho un examen de paternidad para resolver sus dudas. El examen de paternidad es una prueba médica en la que se comparan el ADN de la madre, del padre y del hijo. Si el examen resulta negativo, significa que este hombre podría no ser el padre de la criatura. En cambio, si resulta positivo significa que existe un 99.9% de probabilidades de que sea el padre. Aunque es posible realizar un examen de paternidad antes del nacimiento del bebé, generalmente resulta mucho más costoso. Si tuvieses cualquier duda de ser el padre, quizás debas hacerte un examen de paternidad. Un doctor o el personal de una clínica pueden informarte cómo hacerlo.

Aceptando la responsabilidad

Cuando eliges criar a tu bebé estás realizando un compromiso. Prometes darle amor, orientación, dinero y hogar durante al menos dieciocho años. Prometes criar a tu hijo de la mejor manera posible. En cuestiones de paternidad no puedes echar marcha atrás.

Aceptar una responsabilidad tan grande puede producirte temor y confusión. Esto es completamente natural. Pero recuerda que no estás solo. Probablemente tu novia también esté atemorizada y confundida. Ambos necesitan apoyo moral. Si deciden criar juntos al niño, entonces ambos deberán comprometerse a realizar un buen trabajo. Ser buen papá es una responsabilidad tan fuerte como ser buena mamá.

Padres adolescentes

Si eres padre adolescente no eres el único. Existen muchos padres adolescentes. Cada año en los Estados Unidos, un millón de adolescentes se embarazan y nacen 550,000 bebés de madres adolescentes. Cada uno de estos bebés tiene un padre y muchos de ellos (aunque no todos) son adolescentes. Uno de cada siete bebés tiene una madre adolescente.

Las estadísticas sobre padres adolescentes no son muy alentadoras. Sólo uno de cada cinco de esos padres asociados con los 550,000 nacimientos continúa apoyando a su hijo, sea financiera o emocionalmente. Sólo una pareja de cada veinte matrimonios, y aquellas parejas que contraen nupcias tienen índices de divorcio mayores que el promedio. Las parejas de adolescentes que permanecen juntos suelen tener más problemas que aquellas de veinte años de edad o mayores. Los bebés de madres adolescentes tienen mayor posibilidad de morir antes de cumplir un año que aquellos nacidos de madres más adultas, y los matrimonios de parejas de adolescentes sufren de un porcentaje mayor de pobreza que los de parejas de adultos.

Sin embargo, éstas son sólo estadísticas, y por supuesto también hay excepciones. Si decides convertirte en padre adolescente, tendrás que trabajar más fuerte para vencer las probabilidades en tu contra.

Capítulo 4

Preparativos para el parto

Un embarazo normal suele durar nueve meses. La mayor parte de las personas necesitan ese tiempo para acostumbrarse a la idea de la paternidad. Como futuro padre, tendrás que pensar en cosas prácticas, como conseguir un trabajo, hacer un presupuesto, arreglar una habitación para el bebé y darte tiempo para ser papá.

Mientras tanto, mamá estará aprendiendo a adaptarse a los cambios de su organismo. Cada embarazo es distinto. Algunas mujeres sienten muy pocos efectos secundarios, mientras que otras podrían sentirse enfermas e incómodas. No hay forma de prever cómo se desarrollará el embarazo.

Cuidado prenatal

Toda mujer necesita cuidado prenatal, es decir cuidados antes del nacimiento. Sin el cuidado

Durante el embarazo es importante visitar periódicamente al doctor.

adecuado, el bebé podría tener serios problemas de salud, e incluso morir antes de cumplir el primer año.

La mayoría de los doctores aconsejan hacerse un reconocimiento médico mensual durante los primeros siete meses del embarazo, cada dos semanas durante el octavo, y semanalmente durante el noveno mes. El padre es bienvenido en todas las visitas médicas. Quizás tú o los padres de tu pareja tengan que obtener un seguro médico para cubrir el costo de las consultas a un médico privado. Si no puedes hacer esto, entonces infórmate en los centros de seguridad social acerca de Medicaid (ayuda médica) u otras clínicas de bajo costo.

Un buen cuidado prenatal debe darle a la madre una dieta balanceada y no dañar su cuerpo de ninguna forma. Como padre tú podrías ayudarla a seguir las siguientes reglas del embarazo:

- **Hacer ejercicio con regularidad.**

- **Evitar el alcohol y las drogas. Una simple aspirina podría dañar al bebé.**

- **Evitar siempre que sea posible bebidas con cafeína, tales como café, té y refrescos (sodas).**

- **No fumar y evitar ambientes donde se fume.**

Las tres etapas del embarazo

Si dividimos los nueve meses del embarazo en tres, tendremos tres trimestres, cada uno de tres meses de duración. Durante el primer trimestre, la mujer podría sentir náuseas la mayor parte del tiempo. Los cambios en su organismo pueden producirle acidez estomacal, estreñimiento, mareos y otros síntomas. Como su cuerpo está, literalmente, creando día con día a otra persona, podría tener hambre y fatiga con frecuencia. El descanso es muy importante.

Además de los cambios en el organismo, podría tener cambios en su estado de ánimo. Puede estar contenta y un minuto más tarde enfadarse. Esto es normal. Para muchas mujeres el embarazo no es fácil. Trata de ser comprensivo.

Durante el segundo trimestre muchas mujeres no se sienten tan enfermas o cansadas como en los primeros días. Sus piernas, pechos y abdomen comienzan a hincharse conforme el embarazo comienza a desarrollarse. Durante este periodo, el feto (el bebé antes de su nacimiento) comenzará a moverse. Tú podrás sentir estos movimientos colocando tu mano sobre el abdomen de la madre. Un doctor podría dejarte escuchar los latidos de su corazón. Para este momento, es muy probable que el embarazo comience a percibirse como una realidad tanto para ti como para tu novia.

En el tercer trimestre, el feto puede comenzar a comportarse de manera activa y el peso extra en la madre puede fatigarla fácilmente. Algunos trabajos rutinarios pueden comenzar a dificultarse. Es muy importante que tanto la madre como el bebé descansen con frecuencia.

Conforme se acerca la fecha del parto, la mamá puede comenzar a preocuparse. ¿Será muy doloroso? ¿Estará bien el bebé? ¿Estoy preparada para llevarlo y cuidarlo en casa? Como padre, tu trabajo consiste en brindar todo el apoyo moral que te sea posible. Trata de entender los sentimientos de tu pareja, hazle saber que no está sola. Aunque tu cuerpo no ha cambiado durante el embarazo, también podrías experimentar súbitos cambios de ánimo. Trata de tranquilizarte.

Preparándose para el gran día

La mayoría de las clínicas y hospitales ofrecen cursos para preparar a las parejas y ayudarlas a comprender el proceso desde el embarazo hasta el parto.

En ellos aprenderás las diferentes maneras de tener un bebé. Una de ellas es tener a tu hijo en tu propia casa con la ayuda de una partera. Aunque esta persona, que generalmente es una mujer, no es un doctor, tiene la experiencia necesaria para realizar el alumbramiento.

Otro método de parto se conoce como *Lamaze*. En éste la madre da a luz sin anestesia ni tranquilizantes. Tú y tu pareja deberán aprender la forma en que ella debe respirar y pujar durante el parto. En este caso, el papá es el profesor, ayudando a mamá a relajarse y animándola durante el proceso. Si la mamá no recuerda cómo debe respirar o cuándo debe pujar, es responsabilidad del papá recordarle. Con el método *Lamaze* se puede tener el hijo en casa o en el hospital.

En ocasiones, dependiendo de la salud de la mamá o del feto, es necesario practicar una cesárea. Esto significa que el alumbramiento se realiza por medio de una cirugía en la que un doctor extrae al bebé del vientre de la mamá por medio de una incisión quirúrgica. Algunos hospitales permiten que el padre presencie la operación en el quirófano.

Si tienes alguna pregunta, tu instructor en el curso del parto podrá resolverla.

Capítulo 5

El mundo exterior

Lo más difícil cuando Rick se convirtió en padre a los dieciocho años fue no poder hacer cosas con sus amigos por falta de tiempo. "Perdí contacto con todos ellos" comenta Rick. Algunos futuros padres trabajan, otros van a la escuela, y algunos hacen ambas cosas. El poco tiempo que te queda libre lo pasarás con tu novia, preparándote para el nuevo bebé.

Además te darás cuenta de que ahora tienes menos cosas en común con tus amigos. Probablemente ellos no tienen la menor idea de lo que significa tener un bebé. Quizás no entiendan por qué no sales tanto como antes, e incluso tu mejor amigo te puede parecer inmaduro. Esto se debe a que te diriges a un camino distinto en el que comienzas a asumir responsabilidades de adulto.

Mantenerte en contacto con tus amigos puede ayudarte a aliviar la presión de tus nuevas responsabilidades.

La búsqueda de trabajo

Aunque nunca antes hayas tenido un trabajo, éste puede ser el momento de comenzar a buscarlo. La mayoría de las familias no pueden apoyar económicamente a los padres adolescentes y a su nueva familia. No te preocupes si tu trabajo paga sueldo mínimo al principio. La mayoría de los patrones no pagan mayores salarios a menos que tengas educación o experiencia. Lo más probable es que por ahora no tengas ninguna de las dos.

Sin embargo tienes dos cosas a tu favor: mucha energía y una buena razón para trabajar. Estos son tus puntos importantes y debes aprovecharlos. Muéstrale a tu patrón que estás dispuesto a hacer más de lo que te pide. Enséñale que estás ansioso por aprender y mejorar en tu trabajo. Hazle saber a tu jefe que estás por tener a tu propia familia y que estás haciendo tu mejor esfuerzo para mantenerla. Si le demuestras a tu jefe que eres diferente, entonces te tratará de forma distinta. Muy pronto podrías tener un ascenso y mejorar tu salario.

No te desanimes si tienes problemas encontrando trabajo. Sigue leyendo las ofertas de empleo en el periódico y continúa preguntándole a tus conocidos. Pide consejo a tu consejero estudiantil, habla con un trabajador social, visita la oficina de empleos de tu comunidad. Enrólate en una agencia de empleo temporal. La mayoría de las agencias se anuncian en las páginas amarillas. El índice de desempleo es bajo actualmente, y existen diversos trabajos para personas que quieren comenzar desde abajo, trabajar fuerte y mejorar.

La escuela

Encontrar trabajo no significa dejar la escuela. No será fácil, pero trata de buscar la forma de acabar tu educación. Los estudios de secundaria son extremadamente importantes. Sin ellos es mucho más difícil encontrar y conservar un trabajo.

Es más sencillo acabar la escuela antes de que nazca el bebé. Después será más difícil encontrar el tiempo y un lugar tranquilo para estudiar. Una opción es trabajar por la noche y asistir a la escuela durante el día. Si no puedes hacerlo de esta manera, busca en tu escuela información sobre el GED (*General Equivalency Diploma*, por sus siglas en inglés) y toma clases por las noches.

Obtener tu diploma de secundaria te hará sentir mejor contigo mismo. Estarás orgulloso de haber logrado tu meta y harás a tu novia sentirse orgullosa. Pero lo más importante es que le estarás dando un buen ejemplo a tu hijo. Si le demuestras que la educación es importante, será muy probable que tu hijo siga tu ejemplo.

Manejando la presión

Presión, compromisos, responsabilidades. ¿Cómo manejar todo al mismo tiempo? Una forma de encontrar ayuda es hablando con un trabajador social o consejero estudiantil. También puedes hablar con tu familia o un líder religioso, si eso te hace sentir más cómodo. La mayor parte de los adultos estarán dispuestos a colaborar con algunas ideas, y mientras más opiniones logres acumular, mejores serán tus decisiones.

Capítulo 6

El presupuesto

Como padre responsable, deberás dar prioridad a las necesidades de tu familia. El dinero destinado para comprar la comida del bebé no puede usarse para comprar un nuevo disco. Es tu responsabilidad asegurarte de que el bebé y tu pareja tengan un lugar seguro para vivir. Esto significa pagar a tiempo la renta, calefacción, electricidad y otros gastos.

Incluso si no vives con la madre de tu hijo, debes proveerle apoyo económico. De acuerdo a la ley deberás pagar una proporción de los gastos del bebé. Como buen padre, deberás tener deseos de hacerlo.

Es difícil mantenerte a ti mismo. Mantener a un hijo es aún más difícil. ¿Cómo podrás lograrlo? ¿Cómo sabrás lo que tienes que pagar primero? La única forma, es siendo cuidadoso con la manera en la que

Un presupuesto mensual puede proporcionarte un mejor control sobre tus finanzas.

gastas el dinero. Debes hacer un plan, un presupuesto, y atenerte a éste con disciplina.

Preparación del presupuesto

En todo presupuesto existen dos categorías: dinero que entra y dinero que sale. El dinero que entra es tu ingreso, es decir cualquier cantidad que recibas como parte de tu sueldo, intereses bancarios, regalos u otras fuentes. El dinero que sale son tus gastos, es decir el dinero que utilizas para pagar cuentas, iniciar tus ahorros o comprar cosas.

¿Cómo inicias un presupuesto? Para muchos adolescentes, el sueldo es su único ingreso. Pero algunos cuentan con otras fuentes, por ejemplo dinero prestado por los padres, *food stamps* u otros programas gubernamentales. Tu consejero estudiantil u otro adulto pueden informarte acerca de estos programas.

Lo primero que tienes que hacer es una lista con todos tus ingresos. Luego debes sumarlos y escribir el total. Luego has una lista de todos tus gastos. Sé honesto contigo mismo. No olvides, por ejemplo, incluir "entretenimiento" si piensas ir al cine. Si vas a respetar tu presupuesto, éste tiene que ser real. Quizás luego decidas cortar ciertos gastos, pero por ahora has una lista con todos ellos. Puedes usar el presupuesto de ejemplo de la página 43.

Una vez que has hecho la lista con todos tus gastos, suma el total. ¿Cómo se compara esta cantidad con aquella de tu ingreso? Si tienes más gastos que ingresos, entonces tendrás que tomar ciertas decisiones. Piensa qué gastos no son realmente necesarios. No trates de quitar toda una sección, mejor divide estos gastos en pequeñas secciones. La idea es equilibrar el presupuesto, es decir, tener gastos que se ajusten a tus ingresos.

Ahorro

Una de las partes más importantes de un presupuesto es el ahorro. Separa mensualmente una pequeña cantidad de dinero para el ahorro. Pueden ser sólo 25 dólares, pero debes tratar de ahorrar una cantidad similar cada mes. Aumenta esta cantidad siempre que puedas. Nunca permitas que sea el ahorro la sección que cortes de tu presupuesto.

Si colocas tus ahorros en una cuenta de banco, no estarás tentado a gastarlos. Cuando se necesite un poco más de dinero, trabaja horas extras si se te permite. Realiza algún otro trabajo. Utiliza el dinero de tus ahorros sólo para emergencias.

¿Y si aún no te alcanza?

Ricky y Jennifer hicieron su mejor esfuerzo. Aún así hubo ocasiones en que no les alcanzaba. "El dinero no era suficiente", recuerda Ricky. ¿Qué puedes hacer cuando tu ingreso no cubre tus gastos? ¿Qué haces cuando has cortado todos los gastos que puedes de tu presupuesto?

"De vez en cuando teníamos que pedir dinero a la mamá de Jeniffer", dice Ricky. "Tuvimos que vivir con sus padres por un tiempo. Nuestro departamento era demasiado caro. Aquellos fueron meses difíciles".

Mientras vivían con los padres de Jennifer, Ricky buscó un apartamento más pequeño. Cuando encontró uno que no era tan caro, el dinero que no utilizaban para pagar la renta anterior les sirvió para pagar sus otras cuentas. "Nos tomó cerca de seis meses regresar a nuestro nivel. Pero logramos hacerlo". No tengas temor de pedir ayuda. Si no te alcanza el dinero no significa que

Presupuesto mensual (ejemplo)

Ingresos		Gastos	
Sueldo fijo:	$ ___	Renta:	$ ___
Seguridad social u otras prestaciones:	$ ___	Calefacción:	$ ___
		Electricidad:	$ ___
Contribución familiar:	$ ___	Agua:	$ ___
Otros ingresos:	$ ___	Teléfono:	$ ___
		Alimentos:	$ ___
		Vestido:	$ ___
		Salud:	$ ___
		Transporte:	$ ___
		Cuidado del bebé:	$ ___
		Entretenimiento:	$ ___
		Ahorros:	$ ___
		Otros gastos:	$ ___

INGRESOS $ _____ GASTOS $ _____

eres débil o que seas un fracaso. Trabajar duro es todo lo que puedes hacer. Entretanto no seas orgulloso. Si hay personas dispuestas a tenderte una mano, acepta su ayuda. Algún día tú podrás ofrecer ayuda a alguien más.

Capítulo 7

Hogar dulce hogar

Orgullo y felicidad. Esas son las palabras que usan muchos padres adolescentes cuando hablan sobre el momento en que vieron a sus hijos por primera vez. Si permaneces con tu pareja durante el parto, tu podrías ser el primero en cargarlo al nacer. Éste es un momento especial que nunca olvidarás.

Disfruta los días en el hospital. Son un buen momento para familiarizarte con tu bebé. Investiga antes del nacimiento si tú o tus padres tienen seguro médico. Es muy importante saber qué servicios cubre el seguro. Cuando hagas tu presupuesto deberás saber si pagarás el total de los gastos médicos o solo una parte.

La mayoría de los partos no tienen complicaciones, para la madre o el bebé. Generalmente la estancia en los hospitales dura uno o dos días. Pero en ocasiones el parto puede ser largo y complicado. O el bebé puede nacer prematuramente, lo que significa que nace antes de los nueve meses. En un parto prematuro, los pulmones u otros órganos del bebé podrían no estar completamente desarrollados. Esto puede causar ciertos riesgos para la salud y hacer que el bebé permanezca mayor tiempo en el hospital.

A eso se debe la importancia de las visitas médicas prenatales. Estas consultas te alertan sobre posibles problemas y te ayudan a estar preparado.

Preparando la casa para el bebé

Antes de llevar a tu hijo a casa, debes comprar ciertos muebles y provisiones. Trata de pedir prestado a familiares o amigos algunos de los objetos que quizás ya no utilicen, tales como la cuna y el cochecito. Puedes conseguir muchos de estos objetos en ventas de garaje o tiendas de segunda mano.

Lo que necesitas:

Mobiliario: Una cuna completa o plegable con un colchón apropiado. Asegúrate de que la cuna cumpla con las especificaciones de seguridad. Una almohadilla resistente al agua mantiene seco y limpio el colchón. Además necesitas un lugar seguro para acostar al niño mientras le cambias de pañales. Un pequeño tocador

La llegada del bebé a casa es un momento de gran emoción.

con una superficie amplia puede servirte, tanto para cambiar los pañales como para guardar la ropa de bebé.

Artículos para transportar al bebé: Además de ser obligatoria por la ley, una silla especial para el automóvil es la mejor forma de mantener al bebé seguro en un auto en movimiento. Un recién nacido necesitará una silla para infantes. Además podrías necesitar una mochila especial para cargar al bebé en tu pecho o espalda y una carreola o cochecito.

Alimentos: La mamá debe decidir si desea amamantar al bebé, es decir alimentarlo con la leche de sus pechos. Si elige no hacerlo, necesitarás adquirir fórmula y mamilas. La fórmula es un líquido similar a la leche materna. Durante sus primeras semanas de vida, el único alimento que necesitan la mayoría de los bebés es fórmula o leche materna. Siempre resulta más barato amamantar al bebé que alimentarlo por medio de mamilas. Pero algunas mamás, especialmente aquellas que trabajan o van a la escuela, encuentran muy complicado amamantar a sus hijos.

Pañales: Puedes elegir entre pañales de tela o desechables. Los desechables son más cómodos para el bebé, aunque contaminan el ambiente. Lo mismo sucede con el cloro y el detergente que se necesitan para lavar los pañales de tela.

Provisiones para el baño: Es muy importante sostener la cabeza y el cuello del bebé al bañarlo. Una esponja gruesa en el lavamanos o en la bañera puede servir como soporte. A algunas personas les gusta bañar a los recién nacidos en una pequeña tina de plástico. Además necesitas champú y jabón para bebés.

Guardarropa: La mayoría de los bebés se quedan en pijamas durante los primeros meses de vida. También necesitarás trajecitos de cuerpo completo o *bodies*, calcetines, camisetas, baberos y pantalones. Cuando saques al bebé a la calle vístelo tan abrigado como tú te vestirías. No olvides una gorra para proteger su cabeza del solo y el frío.

Mantas y frazadas: Éstas deben ser pequeñas, suaves y ligeras, y se utilizan para cubrir al bebé y mantenerlo en calor.

Juguetes: A los bebés les gusta ver moverse juguetes de colores brillantes. Es bueno para los recién nacidos colocar un objeto que cuelgue por encima de la cuna (como un móvil).

Aún así, lo que más necesita un bebé es la atención y el cariño de sus padres.

Cambio de horario

Recuerda que tener un bebé es un trabajo duro. La mamá puede seguir débil y cansada por un tiempo, y al inicio necesitará más ayuda. Los recién nacidos necesitan cuidado las veinticuatro horas del día. De día o de noche, deben ser alimentados cada cierto número de horas. Entretanto necesitan ser cargados, acunados, cambiados y entretenidos.

Un bebé cambia el horario de todos en casa y parecería que no hay suficientes horas en un día. Por eso es muy importante compartir las responsabilidades y el cuidado del bebé con tu pareja.

Hacer un programa puede ser de mucha ayuda. Decide quién cuidará del bebé durante ciertas horas del día. Así podrás tener un tiempo regular con tu hijo. Si mamá es quien siempre lo alimenta, le cambia los pañales o juega con el bebé, tu hijo podría desarrollar un lazo más cercano con ella que contigo. Esto podría hacerte sentir como un extraño y originar problemas entre ustedes. También puedes aprender a cuidar del nuevo bebé; sólo se requiere de un poco de práctica y mucho amor.

Buscar espacio para una tercera persona en tu vida puede ser complicado, especialmente cuando necesita atención constante. Es importante recordar que mamá y papá necesitan tiempo para ellos sin el bebé. Además cada uno necesita tiempo para sí mismo. Platíquenlo juntos y arreglen tiempo para cada uno. Ambos serán mejores padres si tienen tiempo para descansar.

Cuando la casa del bebé no es tu casa

Darío quería ayudar a criar a su hijo. Pero él y Shawna no querían casarse. "Ambos vivíamos en casa de nuestros padres. Como nuestras casas estaban cerca, era sencillo compartir tiempo con el bebé. Ambos estuvimos de acuerdo en que el bebé debería vivir con Shawna. Ella iría a la escuela durante el día y yo me encargaría de él. Como trabajaba de noche, era muy sencillo para mí".

Darío compró los pañales y la comida que necesitaba para cuando el bebé estaba en su casa. Shawna compró las provisiones para la suya. Cuando surgía un gasto fuerte, como una consulta con el doctor, Darío y Shawna compartían los gastos.

Su bebé ya tiene tres meses. "Por ahora todo ha funcionado muy bien", concuerdan. "No tenemos que inscribirlo en una guardería, y ambos podemos verlo crecer".

Pero Darío y Shawna se dieron cuenta de que las cosas se volverían más complicadas conforme fuera creciendo el bebé. "Por ejemplo, cuando comience a necesitar disciplina, será muy difícil para él si cada uno le enseña reglas distintas", dice Darío. Además le preocupa lo que podría suceder si él o Shawna tienen que mudarse. "Sería muy duro no poderlo ver más que de vez en cuando. Pienso mucho en ello. No sabría qué hacer".

A pesar de no vivir juntos, Darío y Shawna son capaces de hablar y planear juntos lo que resulta más conveniente para su hijo. Ambos pueden expresar sus preocupaciones y sus ideas. Esto podría ayudarlos en el futuro para tomar decisiones importantes.

Capítulo 8

Ser padre

Si tu coche no te gusta, puedes venderlo. Cuando un esposo y una esposa han dejado de quererse, pueden divorciarse. Pero la paternidad es para siempre. A menos que elijas el aborto o la adopción, tu hijo será tuyo para el resto de tu vida, e incluso si no viven juntos, tu hijo es tu responsabilidad. Si aceptas esta responsabilidad y haces el mejor esfuerzo posible, puedes tener muchas recompensas.

Convertirse en un buen padre

Muchas cosas de la paternidad pueden parecerte normales. Otras no lo son tanto. Aunque nadie tiene que decirte que necesitas cargar al bebé cuando llora, habrá muchas situaciones en las que no sabrás qué hacer.

Si tu bebé no para de llorar ¿cómo sabrás cuándo llamar al doctor? ¿Qué harás cuando despierte con fiebre a la media noche? ¿Cómo sabrás si su desarrollo es normal? Estas y cientos de preguntas más han preocupado a los nuevos padres durante muchas generaciones.

Pero existen muchos libros que pueden ayudarte. Uno de ellos es *Baby and Child Care,* del Dr. Benjamin Spock. Podrás encontrar recomendaciones de otras lecturas al final de este libro.

Cuando pasa la novedad

Durante las primeras semanas, la responsabilidad y los retos de la paternidad son emocionantes. Pero después de algunas semanas la novedad comenzará a desaparecer. La rutina seguirá siendo la misma día a día y después de un tiempo puede no parecerte tan divertido cuidar a tu bebé. Cuando esto comienza a suceder es importante que busques tiempo para ti mismo.

Cuando la paternidad comience a parecer una carga, trata de cambiar tu rutina. Incluso una pequeña modificación puede ser un gran alivio. Cuando estés tenso pon al bebé en su cochecito y toma un paseo. El aire fresco y el cambio de ambiente pueden resultar positivos para ambos. Has alguna actividad con tu hijo que también sea divertida para ti, como dar un paseo en coche o pasar una tarde en la playa. El bebé puede caber en tu vida. No necesitas renunciar a todas tus actividades. Planea cuando quieras incluir a tu bebé en tus diversiones. Si no quieres llevar al bebé contigo, déjalo al cuidado de alguien responsable.

Expresando la ira

La ira es un sentimiento muy poderoso que debe expresarse de una manera positiva. La forma como manejes tu ira afectará de forma muy importante el bienestar de tu hijo.

Los padres adolescentes tienen mayores probabilidades de maltratar a sus hijos que los padres de mayor edad. Esto se debe a que es más complicado para los adolescentes lidiar con sus emociones. No seas parte de las estadísticas de maltrato infantil. Aprende a reconocer y a controlar tu ira.

Siempre habrá momentos en los que un padre pierde la paciencia con su hijo. Los bebés pueden llorar mucho, especialmente aquellos que sufren de cólicos, que les provocan agudos dolores en el estómago y el abdomen. A los niños pequeños les gusta hacer una y otra vez las cosas, incluso cuando se les ha dicho que no lo hagan.

En ocasiones sentirás deseos de gritar y golpear, pero nunca golpees a tu hijo con ira. Si comienzas a sentir que perderás el control, detente y trata de tranquilizarte. Ve a otra habitación, llama un amigo; date tiempo para pensar.

Los padres que fueron maltratados cuando eran niños tienen mayores posibilidades de maltratar a sus propios hijos. Esto significa que si fuiste maltratado en tu infancia, tienes que esforzarte aún más para controlarte. Quizás nadie te ha enseñado formas positivas de expresar tus sentimientos. Pero puedes aprenderlas. Mientras tanto, si comienzas a enojarte respira profundamente y cuenta hasta diez. Esto te ayudará a tranquilizarte. También puedes llamar a un pariente o amigo; en ocasiones tan sólo narrar lo que sucedió y hablar de cómo te sentiste pueden hacer una gran diferencia. Trata de recordar cómo te espantabas de pequeño cuando tu papá o tu mamá te lastimaban.

Los niños muy pequeños no tratan de ser malos. Pueden tener una necesidad y no saben cómo expresarla. Trata de abrazarlo, mecerlo, dar un paseo en el cochecito o hablarle con tranquilidad. Sé paciente, puede tomar algunos minutos. De esta manera ambos se tranquilizarán.

Si crees tener dificultades para controlar tu ira, entonces debes buscar ayuda. Contacta organizaciones de padres, o habla con un trabajador social o consejero estudiantil. No hay razón para sentirte apenado. No eres el único con ese problema. Además así podrías cerrar el círculo de maltrato infantil, ayudándote a ti mismo y a tu hijo.

Dar un buen ejemplo

En los ojos de un niño, mamá y papá son las personas más importantes del mundo. Conforme los niños comienzan a clasificar entre lo bueno y lo malo, recurren a sus padres en busca de respuestas. "¿Está bien golpear a alguien cuando estoy enojado?" Si papá lo hace, seguramente pensará que está bien. Pero si papá mantiene el control y resuelve sus problemas hablando, entonces el niño podría decidir que ésa es la manera correcta.

Los niños aprenden por imitación. Observa tu propio comportamiento. Si no quieres que tu hijo consuma drogas o alcohol, comienza por evitarlas tú mismo. Si quieres que a tu hijo le vaya bien en la escuela, hazle saber que la educación es importante. Apaga la televisión y consigue un periódico, mantén libros en tu casa y lee con tu hijo. Si tu hijo te ve haciendo ciertas actividades, podría seguir el ejemplo.

Conforme crece tu hijo

Con frecuencia un padre descubre que es más importante en la vida de su hijo conforme éste va creciendo y encontrando su independencia.

Conforme tu hijo va creciendo, podrás encontrar más formas de pasarla juntos. El tiempo con papá es muy importante para los hijos. Date tiempo para disfrutarlo y diviértanse juntos. Jueguen a la pelota, organicen días de campo, den un paseo, preparen la cena, vean películas juntos, o realicen cualquier actividad que les guste. Incluso realizar juntos los quehaceres del hogar puede resultar divertido.

Venciendo las estadísticas

No será fácil. Las estadísticas demuestran que la vida de los padres adolescentes es muy dura, y especialmente complicada para sus hijos. Los niños nacidos de padres menores de diecisiete años tienen tres veces más probabilidades de morir que aquellos nacidos de padres mayores.

El índice de divorcio entre padres menores de diecisiete años es tres veces mayor que entre aquellos que tienen su primer hijo después de los veinte años de edad. Menos del 4 por ciento de las madres solteras reciben dinero del padre del niño, lo que significa que será más probable que estos chicos vivan en condiciones de miseria.

Tomando la decisión adecuada

No permitas ser forzado a la paternidad. Antes de convertirte en persona sexualmente activa, piensa en el compromiso que estarás realizando. Ten la certeza de que quieres ser padre. Asegúrate de entender lo que significa criar a un hijo. Pregúntate con honestidad si estás dispuesto a hacerlo. Piensa en las cosas a las que estarás renunciando, como salir con chicas, ir a fiestas y tener la libertad de andar por tu cuenta. ¿Estás preparado para atarte a las responsabilidades de la paternidad? ¿Estás listo para colocar las necesidades de tu novia y tu hijo antes que las tuyas? ¿Eres capaz de mantenerlos?

Aunque contestes que sí a éstas preguntas, siempre habrá tiempos difíciles. No hay un camino sencillo para los padres adolescentes, y tendrás que estar dispuesto a sacrificarte, a trabajar muy fuerte y, por encima de todo, a comprometerte a criar a tu hijo y estar ahí para él, día tras día y año tras año.

Aunque la mayor parte de los programas para ayudar a las parejas de adolescentes estaban orientados hacia la mamá, actualmente las cosas están cambiando y cada día hay más programas para ayudar al padre.

Recuerda que no estás sólo y que hay ayuda disponible. No será sencillo, pero con tu esfuerzo, el amor por tu hijo y el apoyo de otros, tú puedes ser un buen padre.

Glosario

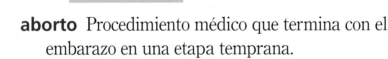

aborto Procedimiento médico que termina con el embarazo en una etapa temprana.

adopción Proceso por el cual los padres de un bebé ceden sus derechos a una agencia u otra pareja para que puedan criar al hijo como propio.

anestesia Medicamento administrado por un doctor para disminuir o bloquear el dolor.

anticoncepción Algún método que se utiliza para prevenir el embarazo.

apoyo moral Brindar ánimo o ayuda en la toma de decisiones o durante tiempos difíciles

bebé prematuro Nacimiento antes de la madurez o del completo desarrollo del feto.

cesárea Nacimiento del bebé mediante cirugía.

condón Molde de látex que cubre el pene erecto; anticonceptivo.

disciplina Entrenamiento que forma al niño positivamente y le enseña a controlarse.

feto El bebé antes del nacimiento que se aloja en el vientre materno.

GED *General Equivalency Diploma*. Diploma equivalente al de secundaria para personas que no pueden asistir a la escuela tradicional.

inmaduro Que no ha madurado; infantil

Lamaze Método de nacimiento que ayuda a las madres a relajarse durante el parto por medio de métodos naturales, sin la ayuda de medicamentos.

moral Creencias y convicciones sobre lo que está bien y lo que está mal. Forma de comportamiento.

partera Matrona, comadrona. Persona entrenada para realizar partos y que no es un doctor.

parto Estado del alumbramiento en el que el bebé emerge del cuerpo de la madre.

paternidad Ser padre.

prenatal Antes del nacimiento.

presupuesto Plan para balancear gastos e ingresos.

SIDA Síndrome de Inmunodeficiencia Adquirida.

sueldo mínimo El menor salario posible autorizado por el gobierno como retribución a un trabajo.

trimestre Periodo de tres meses.

Dónde obtener ayuda

American Coalition for Fathers & Children
Coalición Americana para Padres e Hijos
1718 M Street NW Suite 187
Washington, DC 20036
(800) 978-DADS
www.acfc.org.

Center for Successful Fathering
Centro para la Paternidad Exitosa
13740 Research Blvd, #G-4
Austin, TX 78750
(512) 335-8106
(800) 537-0853
www.fathering.org
e-mail: dads@fathers.com

Fathers Resourse Center

Centro de Recursos para Padres
430 Oak Grove Street, Suite B3
Minneapolis, MN 55403
(612) 874-1509
www.slowlane.com
e-mail: frc@visi.com

National Abortion Federation

Federación Nacional del Aborto
(800) 634-2224
www.prochoice.org

National Center for Fathering

Centro Nacional de la Paternidad
(800) 593-DADS
www.fathers.com

Planned Parenthood

Planificación Familiar
www.plannedparenthood.org

Sugerencias de lectura

En español:
Ayer, Eleanor. *Todo lo que necesitas saber sobre el matrimonio adolescente.* New York: The Rosen Publishing Group, Inc., Editorial Buenas Letras, 2003.

En inglés:

Arthur, Shirley. *Surviving Teen Pregnancy: Your Choices, Dreams and Decisions.* Buena Park, CA: Morning Glory Press, 1991.

Colberg, Janet. *Red Light Green Light, Preventing Teen Pregnancy.* Helena, MT: Summer Kitchen Press, 1997.

Columbia University College of Physicians and Surgeons Complete Guide to Early Child Care. New York: Crown Publishers, 1990.

Eisenberg, Arlene, Heidi Murkoff, and Sandee Hathaway. *What to Expect: The First Year.* New York: Workman Publishers, 1988.

Spock, Benjamin. *Baby and Child Care,* rev. ed. New York: Dutton, 1997.

Índice

Acerca del autor

Eleanor Ayer es autora de diversos libros infantiles y para jóvenes adultos. Ha escrito sobre personas del Oeste Americano, la Segunda Guerra Mundial, Europa y temas de actualidad e interés para adolescentes. Sus temas recientes incluyen el Holocausto, el embarazo adolescente, el estrés, la depresión, el matrimonio adolescente y el suicidio adolescente. Eleanor cuenta con un posgrado de la Universidad de Syracuse con especialidad en periodismo literario. Vive con su esposo y sus dos hijos en Colorado.

Créditos fotográficos

Cover, pp. 2, 10, 15, 18, 21, 27, 31, 36, 40, 46 © IndexStock.

Diseño

Nelson Sá